El mar de las palabras

MUSEO SALVAJE
Colección de poesía
Homenaje a Olga Orozco

Homage to Olga Orozco
Poetry Collection
WILD MUSEUM

Ricardo Segura Amador

EL MAR DE LAS PALABRAS

Nueva York Poetry Press LLC
128 Madison Avenue, Office 2RN
New York, NY 10016, USA
Telephone number: +1(929)354-7778
nuevayork.poetrypress@gmail.com
www.nuevayorkpoetrypress.com

El mar de las palabras

© 2026 Ricardo Segura Amador

ISBN-13: 978-1-966772-79-8

© *Poetry Collection*
Wild Museum 80
(Homage to Olga Orozco)

© Publisher & Editor-in-Chief:
Marisa Russo

© Editor:
Francisco Trejo

© Blurb:
José María Zonta

© Cover Designer:
William Velásquez

© Cover Artist:
Valery González

© Interior Photographs:
Adobe Stock (licensed)

©Author's Photograph:
From author's personal archive

Segura Amador, Ricardo
El mar de las palabras 1ª ed. New York: Nueva York Poetry Press, 202, 208 pp.
5.25" x 8".

1. Costa Rican Poetry. 2. Latin American Poetry.

All rights reserved. No part of this publication may be reproduced, distributed, or transmitted in any form or by any means, including photocopying, recording, or other electronic or mechanical methods, without the prior written permission of the publisher, except in the case of brief quotations embodied in critical reviews and certain other non-commercial uses permitted by copyright law. For permissions contact the publisher at: nuevayork.poetrypress@gmail.com

El mar es un antiguo lenguaje que ya no alcanzo a descifrar.

Singladura, JORGE LUIS BORGES

EL MAR DE LAS PALABRAS
EL MAR DE LAS PALABRAS
EL MAR DE LAS PALABRAS
EL MAR DE LAS PALABRAS
EL MAR DE LAS PALABRAS
EL MAR DE LAS PALABRAS

No eres una gota en el océano; eres el océano en una gota.

RUMI

EL ORIGEN DEL MAR

Cronos y Rea engendraron las aguas
a partir del caos primordial,
grandissimus Samudra de los Vedas,
serendipia que inunda todos los ojos
desde todas las pirámides del orbe,
matriz de la vida, que en espirales sin término,
acuña moléculas en cuentas
al ritmo de una monodia guiada desde los cielos.

"Nos bañamos en el plasma vital
apenas como entelequias;
tomamos desesperadamente porciones de ese barro,
escultores en ciernes
que adivinan las formas sagradas de un cuerpo".

Un cerebro cruza el umbral
y llega a la luz.
Y la luz devela las palabras futuras
en el MAR DE LAS PALABRAS…

Bahía I

En la esquina del viento doblan las campanas,
el aire marino es limpio aún a esta hora del no-día.
Las palabras hacen maromas circulares en
      renglones de la realidad.
No es justo el tiempo para vendimias, le dices
      al dios Baco, que ha jurado su última juerga.

"Perdóname si quieres, perdóname ese dolor sin pequeñeces.
Cuán oscuro se está por aquí… entre murciélagos adictos,
entre el espanto de saberte una delicia menos y otoñal."
Qué áspera la noche, cómo rompe ese licor,
      a fuego y sal,
a esa garganta desgreñada.

El cuerpo se ajusta al *leitmotiv* del momento
y brilla con ese gris del intelecto sin matices
      ni algarabía.
"¡Qué loco es este amor! Maravillas del ansia entre los juncos.
Bésame y aparta las mariposas, piensa lo que haya que pensar y
envuélvete en las sombras de esos abrigos para el luto de rigor."

Sopesa con levedad el bullicio del vacío
y el lupanar de la arrogancia.
No es cierto que el cielo explotará y anegará
      los campos sin sentido.

Para alquimias el granizo, que la gravedad reclama
    hacia el centro de sus límites.
Despréndete de ese miedo que usurpa
        las serenidades imbéciles.

Primera parte
Mar gris

La isla del intelecto

Inicia el viaje y, entre la gris transparencia,
reverberan las palabras en el mar de la razón,
luz que irrumpe en el silencio oceánico
hasta desaparecer en los sueños del abismo.

I. Evolución e historia

1

Desde el centro magnético de la Tierra nacen las almas
que van a dar al Mar de las Palabras.
Se forjan en las calderas de hierro y níquel,
    en carruseles variantes,
atraviesan la esfera de las llamas líquidas
para luego romper las distancias de magma y rocas,
hasta que un volcán las vomita en estertores de parto.

Así nacemos, desde abajo, buscando la luz y el espacio,
atravesándolo todo, en el útero de los misterios,
con el poder en las manos como una antorcha.
Salimos al vacío
hasta que la llama se apague,
    para volver a la tierra de la Tierra.

Como rayos, metamorfosis de la luz que accede
    a materia,
druidas de la oscuridad, capullos de ángeles,
    gusanos que se arrastran
en un vuelo sin alas, pujando entre demonios,
    brujas y sátiros
que se revuelcan en los dominios de pesadilla
    del *Jheronymus*.

2

Desde el cielo coronada reina la aurora sobre
      el dominio de las ánimas
y de la celeste predestinación, suave contienda
      del Neanderthal en sigilo.
Puede ser la alternancia de los ciclos
      o la evolución de la sapiencia,
crucifixión de aquellos cráneos que se inflan
      para dar cabida a la materia gris.

Va el simio caminando con sus largos brazos
      y recién estrenadas manos
por el sendero polvoriento de las mutaciones,
      las probabilidades mortecinas
aferradas a vastas combinaciones moleculares;
      toma su primera hacha para derribar
su primer mamut, primeras virtudes
      de manutención familiar del fuego de la caverna.

3

En la encrucijada de la noche fractal
arrecian los perros suculentos que muerden y persiguen
las pestilencias más delicadas de una Roma
    in saecula saeculorum…
Esas almas decaídas en asaz contorsión luchan
    como leonas en el Coliseo,
Espartacus trepidante, Aquiles de mármol y acero,
prestos para el golpe del destino.

Por el deslinde sin magia ni vigilia
déjame ser tú, petroglifo en el poder
que se acumula en las arterias palpitantes
de este engendro de Emperador
en proceso de desmayo y multiplicación.

Desde la Estigia laguna, Caronte y sus remos se avizoran
en el horizonte de las graderías,
escupiendo fuego y cenizas, los cuerpos ensangrentados
con los brazos extendidos fuera de la barca de la Medusa,
recordando a un Géricault.

Las nubes de tormenta, los rayos que hipertrofian
el escenario del cielo, facundia almidonada
del recuerdo que se desparrama dócilmente desde
    la melena de Zeus.
El terremoto descoyunta la tierra para la futura
    siembra de cadáveres.

II. Noche

Noche, no te vayas. Deja que los labios piensen
    en ensenadas
salpicadas de rocas de algodón, deja
    que los pájaros polinicen el cielo
con átomos de alegría, deja que el ruido
    del infierno se cuele en las hendijas,
rumor caliente para el vaho de la angustia,
    y atrápalo con tus manos largas
como agujas que semejan espadas espirituales,
    pártelo en dos y en
maniquea repartición idiota ofrece serpentinas
    a los transeúntes ya clasificados.

Noche, no te vayas. Acumula un cuerpo
    de venganzas y armas
para el perdón. Deja que los fantasmas aniquilen
    la gracia encendida de las magnolias,
    el aguijón crujiente de las avispas,
    el aquelarre de bestias
danzando ante la cabeza del buey, el cascabel del miedo.
Puedes usurpar el trono del maligno o arrebatar
    el báculo del Pastor.
La oscuridad no deja lugar a distinciones,
    tira tus dados en el océano de posibilidades:
par triple, primos, impares cuyo filo desangra
    los infinitos de Cantor.

III. EL MAR NO EXISTE

> *¡Oh, Señor de señores!*
> *¡Oh refugio de los mundos!*
> *Por favor sé benigno conmigo.*
> *Yo no puedo mantener mi equilibrio*
> *al ver así Tus llameantes rostros*
> *que parecen ser la muerte misma,*
> *y al ver Tus pavorosos dientes.*
> *Estoy confundido y no sé dónde estoy.*
>
> BHAGAVAD-GITA

1

Quiero creer que el mar no existe.
Que la muerte es un juego disparatado.
Que el dolor es un jilguero diminuto y frágil.
Que el tiempo es una vasta vendimia del corazón.

Quiero pensar en los amaneceres naranja.
Quiero soñar montado en caballos alados
      rodeados de libélulas.
Que pensar no es una trampa, que deducir no
      es un síntoma
de no sé qué enfermedad veleidosa.

Quisiera subir a las pirámides, acostarme
      en la Esfinge
y ver el cielo bendito, azul de Picasso
      o de Chagall.

Y ser ahí un sutil intérprete del clavicémbalo,
    un prodigio del arpa,
un superdotado del *sittar*, o un avatar dolido
    del pianoforte.

Me angustia esta serenidad del silencio,
esta voluptuosidad del vacío.
Arriba giran las estrellas como tiovivos,
parece que Ptolomeo estaba en lo cierto.

Quisiera ser la triste retribución de un enigma.
El claro marco de mi propia pintura.
La bestia que deambula en las nieves
    de los Cárpatos.
El marinero que avizora el *iceberg* de la angustia.

2

Se hielan los párpados con el rocío del mar que no existe.
La muerte juega seriamente a vivir.
Los jilgueros salen en desbandada hacia el sol.
En el vino late la cosecha del tiempo.

La vida se iza hacia la LUZ en los amaneceres naranja.
Las almas transmigran como libélulas que siguen
a los MAESTROS alados, sobre un lago eterno.
Pensar es hermoso, deducir es siniestro.

En la cima de la PIRÁMIDE se avistan
        los Himalayas del COSMOS.
Los músicos danzan al son de sinfonías cuánticas.
Pero el silencio reina en los imperios del NIRVANA,
cuando el UNIVERSO se enfríe al final de todas las entropías.

Ya no girarán las estrellas, ya reinará el VACÍO sin fin.
Seremos el enigma, el espejo que se mira, la pintura de sí.
La BESTIA que deambulará hasta el final de los eones
en los fríos perpetuos del espacio-tiempo.

Los marinos navegarán para romper el *ICEBERG*
        de la angustia
mientras los MÚSICOS tocan verticalmente
y los seres caen como migajas del Titanic,
        ya sin ahogarse,
porque el MAR no existe.

IV Caballos salvajes en la tormenta

Como un mar, alrededor de la soleada isla de la vida,
la muerte canta noche y día su canción sin fin.

RABINDRANATH TAGORE

En volteretas por los aires, los caballos se desbocan,
buscan lejanías en los despeñaderos del instinto,
las praderas donde corren, locos, se deshacen
      entre sus patas.

Se apuntalan, se ahítan, se enfebrecen bajo
      la luz sideral,
¡cuánto sudor derraman en el fango!,
¡cuántas Parcas parten, poco a poco, de la bahía
      que atisban!

Sus ojos clavan el horizonte a las montañas
      deshechas en vapor,
los nubarrones púrpuras o azules pronto reventarán,
la lluvia fina como polvo de diamantes empieza a caer.

La luna se dibuja apenas entre las aguadas del cielo,
el retumbar de los cascos es una danza de muerte,
los relinchos se mezclan y perviven como ecos.

Los valles cantan para las águilas que ascienden
      casi verticales,
las víboras se esconden en sus guaridas oscuras,

la luz se dispersa en una corona de fuegos rosas
        y amarillos.

Los ángeles descienden en los rayos como lianas,
los caballos ya son uno en un solo movimiento
        acompasado,
la tierra tiembla entre la fanfarria del lodo.

El aguacero es ahora una metralla continua,
empapados de fuerza y violencia los caballos no paran,
aumentan en desvarío y el agua los hermana.

Se intensifica la carrera infernal y no hay límites ni metas,
el aura total se manifiesta y los acompaña
        mientras mueren.
Uno a uno, caen en el despeñadero donde Gaia
        los espera.

V. Canto de la inteligencia y de la videncia

Oh inteligencia que dulce tañe y canta,
que crece poco a poco evolucionando o se equivoca
a las doce de la noche, cuando gravitan los misterios.

Con qué euforia añorábamos tu luz en otros laberintos,
en otros intersticios del Tiempo, y qué preciso
era tu toque en otras miradas desde otros ojos conjurados.

Tu abrazo unánime nos cubrió con tanta piedra y luz
que nos cegamos. Ahora, como un ventisquero
sobre la llanura enmarañada, te disipas
y nos quedamos libres en la inmensidad del campo abierto.

Porque es el sueño tan uno y múltiple
que todo lo convoca,
reuniendo para sí la memoria, las imágenes
y el ínclito amanecer.

¡Oh videncia que dulce taña y canta,
que crece poco a poco evolucionando o se equivoca
a medio día del mundo, cuando la luz disipa la oscuridad!

VI. ¿No hay respuestas?

Siempre espera una bella respuesta quien hace bellas preguntas.

EDWARD ESTLIN CUMMINGS

"Dentro de una magnolia, ¿qué risa cabe?
¿Hacia dónde se dirige el viento?
¿Cómo se sostiene la luz sobre una noche rampante?
¿Puede una paloma volar con un poema bajo el ala?
Cuando ves a Dios, ¿sonríe el Vacío?
Si la Luna se escapa, ¿quién dirige las mareas?
¿El océano sueña cuando duerme?
¿Qué hay en el fondo de ti mismo?
¿A dónde conduce una mirada penetrante?
Si te mueres, ¿empiezas a vivir?
Una sombra, ¿dónde vive?
Cuando lloras, ¿qué ríos se desbordan?

Si no hay preguntas, ¿para qué respuestas?"

VII. Detrás de los sueños

Somos del mismo material del que se tejen los sueños,
nuestra pequeña vida está rodeada de sueños.

WILLIAM SHAKESPEARE

1. Embestida

En cornucopia van las bragas
asidas en promiscuidad y con cizaña
en el *sancta sanctorum*
de los *castrati*;
para mejores señas:
si sueñas con toros que te persiguen
apuntando al ónfalo
de ese cuerpo megalomaníaco,
pues no te detengas
"hipogrifo violento que corriste parejas con el viento...",
proscrito del sexo.

¿Qué significa
el agua mansa que camina
paso a paso entre las piedras
cuyo rumor estremece
las lumbreras del oído
y la savia caliente de la médula?

¿Has visto algo prohibido?
Como un Acteón sudoroso,
sufres el heliotropismo de los girasoles
que reinan en los campos en verano.

¿Te persiguen aún esos toros
en tus sueños otrora juveniles
y corres hacia el árbol
y subiendo golpean el tronco con testuz
de fuerza sísmica
y te caes en la sombra del terror,
y te despiertas…?

Pues te has salvado de ti mismo.

2. Lluvia sobrenatural

En la gracia mozartiana caminan en el aire notas
        de vapor de menta
y llueven paraguas color sangre detrás de la
        carroza de la muerte donde viaja Emily,
la carretera de charcos refleja los rayos de un
        mediodía de neblinas
cerca de los parques sumamente verdes de un
        invierno casi inglés,
con tordos en las ramas.

Excitada, la mirada se eleva al cielo de las codornices
que caen en los espejos de agua, pequeños
        sepulcros de cromo;
la vara de Potter levita como sostenida por un
        fantasma de ópera gótica,
zombis con sobretodos de corte decimonónico
abundan en los callejones donde la luz no llega
y lo ominoso se distiende y deambula entre
        delincuentes y pordioseros.

El horizonte de pronto se oscurece con algodones
        de carbón
y una herida que crece hacia el abismo se
        desborda en la ciudad de los muertos
en bocanadas que tiñen las calles y edificios
con el púrpura de un obispo siniestro en noches
        de aquelarre.

Las brujas en pequeños grupos y en alboroto
        se adueñan del espacio
y asustan a putas, niños y soldados
        con un fondo de música ahora wagneriana
llenando el horizonte de los dioses:
        ahora son valkirias,
duendes y ejércitos sobrevenidos
        de un reino de mitología y pavor.

3. El canto de las Sirenas

Hacia la cúspide de la ola navega el velero
como un fantasma, sin parangón del sexo,
osadía del desdén de las aguas de mármol jónico
donde se reflejan las calaveras,
en eterno retorno,
lo que Shakespeare intuyó
en un *Sueño de una noche de verano*,
con gran parafernalia de brisas en un noviembre sin patria
de un año huérfano y tan impío,
donde las estelas de oro son aniquiladas
por la oscuridad que se adentra
en esta realidad como una piedra,
y alrededor el vaivén de las mariposas bailando
con músicas de acordeón y violines,
en medio de un tango desenfadado
o pendenciero, como tales.
Así los espíritus se intercalan en los vestigios o ruinas
de los tiempos antiguos, cuando la sabiduría
vagaba en las casas solariegas,
crecía impúdica en los jardines
y el Buda se tendía para clavar los ojos
en el primer objeto del campo de visión,
para permanecer ahí mirando sin mirar ya para siempre.

"Te refugias en mí, magia de los cocoteros en las playas,
de las sirenas de bronce adheridas a las rocas
exhibiendo sus senos de metal a los pelícanos,
cantando con notas imantadas las desgracias de la inmortalidad,
mientras las olas revientan en espumas como palomas."

El mar es ahora una alfombra blanca.
Los perros corren en la arena vapuleados por el miedo.
Barcos piratas aparecen de pronto
        en las cúspides de las olas.

4. Paracaidistas

Se respira desazón
en maledicente cascabel intuido,
se enmascara la verosimilitud
de esta música potente en la trinidad
del mar que se encabrita,
el cielo que explota y el horizonte desdibujado.

Ciertamente hay un suspiro
que se descuelga
de las bocas deshabitadas,
hay una clepsidra rota en los borbollones del corazón
y es lapidaria esa disonancia: sin embargo,
va muy bien calibrado ese quebranto
con un abracadabra desde el pecho.

No se desinhiben
con *Hare Krishnas,* por las calles
llenas de inciensos, los miles de paracaidistas
que descienden por la noche
en medio del sueño de los habitantes,
invasión de ángeles bruñidos
que nos rescatarán del caos
y de los gatos que lloran en los techos
mirando a un cielo bermellón.

El Cristo gigante dando vueltas
en un cubo transparente
y el cubo dentro de una esfera de cristal
sobre el mar quieto,
mientras los yoguis en la playa
se conectan a las fuerzas que emanan
desde los Arquetipos del Cosmos,
más allá de Plutón.

En el yermo sombrío el toro te persigue
hasta aquella choza
saturada de odres a medio llenar;
se desfibrila el vulnerado,
corre, salta, grita,
lo persiguen, llega a la selva de bambú
donde Siddhartha pesca tranquilo en el lago
y te sienta junto a él:
se propaga el silencio como niebla;
el toro se evapora en el Nirvana.
Los espíritus felices
que escaparon del Hades
nos toman de los brazos
y con ellos nos elevan,
en la tiniebla azul,
al éxtasis bendito.

Bahía II

En las profundidades del mar se agitan los
espíritus, se teje el karma como un manto
que crece poco a poco enredado entre ecuaciones
      de variables infinitas.
"Ve al río y detrás de las cataratas y la niebla del agua,
      aprende a ser Uno.
La flor blanca en plena potencia de luz sabrá la forma,
entre las rocas de la orilla y las hojas que caen."

Una música se desliza sobre las olas moldeando
      el torso de Apolo
en las estancias donde el *quantum* teje sus furias.
Agradece el color líquido de esas charcas de los
      parques infantiles,
inciensos del púrpura, vahos celestes, escarchas
      del metal que se pulveriza.

El titán de Praxíteles cuelga en las columnas
      de un Partenón
que ríe sin delicadeza, a instancias de la bóveda
      del cielo
y de la línea del horizonte, serpiente fría.

Desde el fondo asciende una bocanada de aire nuevo
y revolotea sobre la superficie
      de ese Mar de las Palabras.

Segunda parte
Mar púrpura

La isla de la creación

Después de la ilusión, se avizora
una isla sin leyes, donde lo nuevo surge,
donde las palabras se unen y engendran
un mar de posibilidades…

I. Epistemología de una ruptura

> *Mujer que, sin pensar en nada más allá,*
> *suelta el mirlo y se pone a conversarnos*
> *sus palabras tiernas*
> *como lancinantes lechugas recién cortadas.*
>
> César Vallejo, *Trilce, XXXV*

1. Apertura del delirio

Las palabras se lafian,
se abucanan
en esta lenta epifanía del escroto.

La ayahuasca
que amanece en el rincón sólido de mármol
se descubre inoportuna.

En la enclochada noche corrupta
se desprenden, se inhalan (se desvirgan)
coloquiales caracoles fucsia.

Sinjantropo se levanta
—¡audaz!—
entre la reventazón de pingües pianguas.

Deletreo tus codornices
—son claras, son putas, son somníferas—,
te dejo el apunte sobre el mueble tristón.

2. Cuerpo y mandato en la ciudad perdida

Apuntale finito,
no te vayás a escalfar, tullir o malcriar,
faltaba más en estos meses pestíferos.

No le partás el rayo,
no comás tofu,
no regañés a su mal parida progenie.

Qué bien se te ve el *din don dan*,
crecé inhóspita, trafalcá y arrastrate mísera
en las calles míseras.
Así se cuecen en la noche las palabrejas.

Pues entonces,
no te malgastés, querida,
pensá
en las largas filas
de hormigas y sus férulas,
con sus albornoces
y chinchivías.

No para furias escandalosas
sino para
bien vivirlas las tapatías,
con decadente estilo,
sí, pues claro,
mijita.

Te vas por ahí, y observás
esas luces fliqueas y esas sombras fatuas,
espejismos del amor desaforado.

Corré, escribí, renegá,
ennegrecé,
desinhibite ¡ya!,
¡por vida de Dios!
Recargala.
Desenchufate.

3. Erotismo y desborde del rencor

En dulce parto lento
me adivorciás,
me achicopalás.

Así, por fin se deduce
el *interruptus*, facsímil
de aquel menos escabroso
coitus,
¡pero más fiel!
¡Despreciáme!
¡Seducíme!

Apurá tu serendipia,
in fraganti, in situ,
indecorada;
desinstalá la lumbre
sobre tu libre albedrío:
utilizá el color rosa.

Acompañále, minino,
entre sus piernas,
sé la dulce inecuación
que se alborota
y que diverge en relatividad.

Solo cantos solemnes
se atiborran,

se arrecifan
—nonos—
por las corrientes sin vía del mezquino
—océano—
(y fútiles).

Rememorá los ínclitos,
los inéditos.
Se atiparran los arcabuces, se respingan
en las nueces de su achicoria,
pero ¡no dudés!
en trinquetear sus aforismos.

¡Qué pulque, qué mecha aristocrática!
¡Qué desidia en palmatoria!
¿Qué alcanfor incinerado no devuelve
sus angustias,
sus efluvios
en humaredas de dolor?

De pronto ella
se aminala, se escorbe, y regurgita
en franca declinación romana
de encabritamientos genocidas;
se afunfurra sin topes ni medidas,
en esta noche cenital.

El lobo, salaz, crece en las cumbres
que se respaldan en la Luna.

II. Intrinsecología del libro

> *Algunos libros son probados, otros devorados,*
> *poquísimos masticados y digeridos.*
>
> Sir Francis Bacon

¿Qué es un libro?
¿Una ignota sujeción al esperpento?
¿Un apodigma,
un achicharre
del portavoz mal secuenciado
en el papel con peróxido?
¿Un disfraz de ciegos,
un carnaval de lentejuelas dulces
en media calle presbítera?
No una licuefacción de luces
(aunque se aquilate en las orfebrerías).
Y no me vengan con esos cuentos
pestilentes que se engarabitan en las solapas,
mucho menos en las estrafalarias,
síndrome de estrella de chiringuito,
del fulanito de tal y perencejos.

¿Te importa un libro?
Para seducir delfines encallados
o parques donde danzan los hindúes,
con recetas que adelgazan lentamente

entre vapores, para el gusto exquisito de Mefistófeles.
Un libro que te infle el alfeñiz
y la misericordia de los críticos,
para que no te creas
que vas para bien si vas para mal
en otros equinoccios que pernoctan.

Pero ¿de dónde sale un libro?
¿De Ganímedes, de Calisto, de Pheibos,
de Amaltea o de Plutón,
de los hornos de Vulcano?
Válgame un dios, una jeremía
y un plastinicordio que se apercollan
en la cilindricidad hiperbárica
de la undécima dimensión.
No te enredes,
no te acoloches con palabras
cuasimetafísicas o filosofoides,
no te anonades
en la tercera persona plural del indicativo
o en el subjuntivo más *delicatessen*...
¿Para qué?, ¡si no sabes de dónde sale un libro...!

¿Cómo se hace un libro?
Se refriega en carpinterías,
se insufla de periqueñiteces
y se equilibra con lluvia de filosofías
(busca solo las más baratas del mercado)
y se escarcha con unos cuantos cuchimininos.

Una pasada de barniz en cuello y cachetes
para darle un brillo cenital y comprometido,
y así sucesivamente, en penitencia divina
con cien padrenuestros y avemarías
que le exorcicen el galimatías.

¿Cómo se lee un libro?
Desgañitándose con él,
vapuleándolo sin flatulencias,
con sutil escuarzinimidad
y feliz improtuberancia
(no en las sienes
ni en los lomos,
ni en las páginas centrales),
despedazando sus
índices numerados
según el más puro código Babel.

¿Cómo se fabrica un libro?
Muy fácil: apiñas las hojas
impresas de tus estoludeces
y mitomanías, las clasificas en
bloques con desmibritación
y alevosía, y en la azofagia
de las retrovolutas del factótum
les despipiripitas las similitudes
y les atruncapalas con pericuaquidad.

Una vez realizado esto,
tomas esa entelequia y con
añófira, perlífera y románica actitud
lo encuadernas
con arte y gracia juvenil.

¿Cómo se presta un libro?
Se recomienda que nunca,
pero puedes dejarlo
como quien dice olvidado
en un parque (si lo quieres místico
o común y corriente),
corres la nieve, lo acomodas,
te escondes por ahí entre los abedules,
los alcornoques y los bestimicidiarios,
y al término de la danza hindú
algún efervescente ya cansado
lo tomará por las narices
y lo devorará con sus dientes.

Y que le sea de provecho.
Amén.

III. Escatología del coitus interruptus

En la epifanía de la cuestión insípida
déjame respirar, oh amante incauta y ornitorrinca,
que en el adefesio espermatozoideo de ahínco troglodita
se emperifolla de una forma totalmente testicular;
        así te lo dejó claro
el pájaro voraz que pasaba de rama en rama en el
        árbol de tu conciencia
y que, en escorrentía declarada, rodaba hacia el nadir
del río zigzagueante de esa que llamas vida.

Sujeto al suelo siembro mi nostalgia que masculló
        en los amaneceres,
cuando tiro la piedra en el agua semihelada
        y las ondas atraviesan peces y tierras,
se desorientan insectos prestidigitadores,
        pululan en el aire serendípico
que poco a poco cede al tiempo, mientras
        caminan de cerca
las olas en estado Bose-Einstein.

Procura rehacerte en la bocanada de azules Carrington,
nochífera peste del insurrecto que se degüella
        en la traqueteada noche búlgara
        del incipiente vulgar, entre otras
líricas de la misma soez elegancia y escandalosa
        puritaneidad reputa.

¡Oh santa precariedad pecaminosa del gen presidiario
del coito inconcluso!
Para permutas voy inconcluyendo
esta perífrasis kamikaze de sí misma
que se alburnea en las orillas de una prudencia
tan remilgada y despepirita-zombie y arrecuche
que en calor semiotoñal de la franquicia del
      Sahara norte
se convierte en una menopausia no tan pausada;
más en la línea del derretimiento procaz.
Un calor azul, diría yo, que provocas
cuando no das el espacio pulque que se requiere
para una buena relación al menos promediocre,
pero déjalo ser…

IV. Crestomatía del mar de las palabras

Te arrechifa el arquenlunque visceral,
cornucopia del fauno
tan mullido él y muy tortuoso;
en la críspide progenie del ulalá
se enciende la tarragona,
la crispiripitud,
anquilosía del piramidal compuesto
en la instantánea noche felina y pía.

La masculinidad patricia yérguese
aflorada y peritamitosa,
en vendaval prolijo
de ese ungüento propicio
para elucubraciones alfa,
sin menoscabo de la achicornia
ni menosprecio de almíbares sarracenos,
en la camellitud del desierto
o en caravanas anticomanches,
¡oh insípida!

En la berluscona de un presagio
se adivinan crestomatías
en esperanto, con lucidez
cetónica y serenidad a rajatabla,
sin perdón del crespo tan sincero
y limítrofe, detrás del gallináceo

a oscuras en barlovento,
sin promiscuidad vana y sensiblera,
para el común fornicio
y pacificación de las almas.

Qué bien se aprende de la bonachonería
de un santo perspicaz y miramelindo
sin percal del canto en la jaula rota del
jilguero multicolor del frío,
con lucidez escasa y en pecado mortal
el pobre, tan lucido y encopetado
como dardo del quetzal esmeraldino,
jugoso y procastinador, pero eso sí,
impecable en su verosimilitud
y en la alquimia que se cuece
dentro de su albornoz de plumas,
cantando un aria para el cielo de Arabia.

Bahía III

El tótem maya relumbra en las olas capacitantes,
el poderío de la energía contenida
arremangada para el puñetazo que destruirá
    esas abadías.

Por un momento la brisa surge
    desde las ramas del olivo,
aromática trota y salta los obstáculos en que
    las nubes se convierten,
gigantes de algodón y humedales,
    propios de la siniestra del Padre,
a horcajadas del silencio, por los arrabales
    de esa NADA O ILUSIÓN.

Blake, poeta, se entroniza encabritado
    entre las bestias amarillas.
San Francisco apacigua ciertas fauces sin dominio;
las Amazonas cabalgan sin concierto aullando
    como hijas del viento salobre
a la noche que crece ya sin fin.
Cometas se apresuran a la cita obligada.

Yace en la penumbra don Quijote entre los
    sollozos de Sancho, ganada ya la batalla
para la Historia, caballerías trascendentes,
    Dulcineas arquetípicas.

Sigamos caminando.
Destapa la ostra que ofrecerá su perla,
toma esa perla que abrirá
los senderos aún no hollados.

Tercera parte
Mar rojo

LA ISLA DEL AMOR

Surgiendo de la estela del caos del origen,
navegamos lentamente hasta el mar de la unión,
destrucción de las palabras que desembocan
en el reino del apaciguamiento.

I. Amor brujo

Uno no se mata por el amor de una mujer.
Uno se mata porque un amor, cualquier amor,
nos revela nuestra desnudez, nuestra miseria,
nuestro desamparo, la nada.

CESARE PAVESE

el despeñadero de tus ojos
epítetos del mal en la insalubre faz
que se encuentra en vertical piramidal
para que te nombre para que me incluyas
en tus aposentos —frígida— para que el mar ruja
entre tus brazos quiero diluirme
recorrer tu cuerpo en fragor acompasado
en travesía virgen en las gacelas de tus brazos
quiero acontecer enervarme sufrir caer reñir
oh santo dolor clavado entre la luz y escarnecido
encima de tus labios de tomillo y salamandras
en tus cabellos-serpientes de carbón al rojo
cruzan el cielo el ansia el deseo el crimen
trasladé esta vasija de caricias como dardos
para la rebelión o el amor socorre gime estruja estremece
hay puentes en lóbregas comarcas hay pozos en el
lado oscuro de esa Luna de titanio inmaculada
yace la ofrenda para la vendimia de los taninos
los perros ladran a cuatro voces luciérnagas mozárabes
brillan en el desierto de tu ombligo ramadán de
       todos los besos

sugestión de la flauta traversa del manatí entre las nalgas
quiero conmover herir suturar el palpitante corazón
que se desguaza se anonada en la marmita
donde hierve la emboscada del color sutil o añil
        que se cerciora
en la singladura de esas piernas en contoneo feliz
y grisáceo se atolondra el muchacho tímido que fuiste
una vez en la socarronería del impulso que ese
        cangrejo atenaza
en arenas-espumas que en vaivén se desparraman
        por la playa
voraz tan a la merced de ese instinto en que
        zumba esa floresta
y la procesión del muerto enorme que se atrevió a vivir
en el límite sombrío me aprisionas te quejas
        me sumerges
en la mera esclavitud crepita en la fogata
        —dulce cuerpo—
que le insuflas le repeles le deslindas el
        reclinatorio innegable
el esperpento de esos pechos de murciélago
se transfigura el almidonado tahúr de los silencios
en la imaginaria jaculatoria de sus intersticios
        ya chorreantes
te subes a ese cielo te buscas en orillas   de esa nada
y succionas el veneno que te aniquila o te salva
        de este brujo amor

II. Romance del río y de la luna llena

Sobre el Río de piedras juegan los jilgueros.
Ya no más esa letanía del agua entre las piedras.

El aire es frío, la hojarasca de este otoño de devaneos
aplasta los sonidos y las sombras, ¡oh insectos!

Llovizna de imanes. La neblina danza con compás
      de Mozart
en la pentagrama de la noche, entre el renacer a
      destiempo de la Luna tosca.

"Que el chaval se tienda en la hierba montaraz
y la sílfide sus alas suelte para el común goce."

Maraña de brazos como navíos se juntan en
      los plenilunios.
Al amor lo iluminan chispas errantes, tigres del aire
      domesticados por la noche

Los senos chocan con los labios, los vientos
      soplan ateridos.
Hormigas feligreses en procesión solemne hacia la
      ofrenda sexual...
Hay una crispación de manos ya violetas,
      chapoteos en lagos cuánticos,
luces que se refractan, sirenas mínimas se asoman
      entre las aguas y el vapor.

Los amantes entrelazan orfandades,
        disuelven coyunturas.
Pétalos se desprenden desde el Cosmos o la Noche.

Margaritas esmirriadas, pistilos exangües,
        corolas pardas se mecen,
se adormecen, se expanden: ¡explotan!

A gorgoritos de la Luna responden turbulencias sordas del Río.
El olor de los cerezos, el sabor de los arándanos purpúreos.

Chocan piedras contra piedras, como bandadas de
        pájaros las ondas se deslizan.
Las hojas se precipitan en el cauce del ansia.

Cisnes rojos los rodean, la tormenta inicia,
el aguacero arrecia entre el estertor de los truenos apacibles.

"Con el sabor de su boca no se olvidan, con el rayo de su vientre no se olvidan, con el flujo de la Muerte no se olvidan."

Los amantes se destrozan con espadas o latidos.
Los amantes sobreviven al éxtasis de la Unión.
La Luna negra se esconde entre nubarrones negros.
El Río se serena entre el agua nieve de los campos.
Los cisnes retornan a los nidos.
Las sirenas mínimas se duermen.
Los pétalos forman una alfombra azul.
Los jilgueros escapan al infinito.

III. Un romance moderno

1

Prevaricato de tu alma me acontece, dulce niña mía
y apuntalada, cómo no, en el detritus de mis entrañas,
monerías que vistes a la moda de los presbiterios más *in*,
a pesar de la sanguaza maloliente que ya implica
    purificación.
Desciende tu espíritu a las mazmorras del
    inconsciente
a sabiendas del remolino tan ancho que nos arrastra
en el entorno cotidiano de estupideces, todo un lío
que no podrías descifrar ni con cien máquinas
    Enigma.
A santiguarse, pues, antes que los altares se
    desparramen,
fichas de dominó newtoniano en la cadena del
    multiverso.
Ponte alerta, no permitas que el tufillo del día
    te arruine
ese peinado carnavalesco ni esos implantes
que tan bien sostienen esos senos apenas
    propedéuticos
—sabor a orujo destemplado y a vino de uvas de
    plástico—
a la expectativa de caricias que no te traen muchos
    likes.

2

A ese *estornaco* desinflamado
se le apelmazan las palabras
en la garganta de flamenco,
para empezar a conversar sobre la santa castidad
que lo tiene tan preocupado.
Sin embargo, y nunca se te olvide,
que la virginidad es una apuesta,
rebeldía del mísero encuentro
en el asiento trasero del BMW.

Los aforos del sexo fluido
son escasos como un cenit sin cielo,
amén de sombras largas que se agitan
entre ramas de árboles oscuros,
meciéndose debajo de las ventanas pecadoras.
¡Oh, Berenice, que cantas maldiciendo
los dolores premonitorios de parto
en cómoda vetustez del vientre desflorado!

Ella se achicopala, pernocta, feminiza
en el acorde de las horas previas
a esa ordalía privada cuya premonición
le pesa como una gorila preñada
sobre sus hombros. Es un secreto a voces de

las camas que chirrían, las paredes que cimbran,
los gemidos casi simiescos que se escapan
cual humo entre las hendijas
de ese piso de madera desvencijada y pobre.

No es un David de Miguel Ángel,
apenas un efebo desvitaminado
que corre sobre rieles a los que llaman huesos,
su *crush* más distinguido en lo que va del año,
al que le pela el ombligo con movimientos tontos
no carentes de gracia y subterfugios.
Él tiene sangre azul muy desteñida rayana en
     el celeste
y una cicatriz que sufre en media cara,
justo encima del piercing sin gusto que cuelga de
     su teta,
aunque bien mirado hace juego con su tatuaje de
     flores negras en 3D.

IV. La tensión del amor

Qué sería del mundo
si la entrega de los cuerpos no retuviese las angustias,
si pasajero de la historia,
el hombre no se hiciese vino ardiente que arrastra
      sus propias cenizas
y el logos de su verbo.

Qué sería del mundo
si un soplo letal proveniente del Amor
no lo rebajara a una espuma de arena dócil en el
      lecho del mundo.

Qué furias contenidas desatadas
abrirían las eras del desengaño
para así volvernos estúpidos de clemencia.

V. Cuerpo

Desnuda está tu cara
como un ámbito oblicuo dispuesto a ceder
perspectivas naturales.
Al cuello fláccido deshojas
en dos senos florecidos con dos frutos hermosos
cayendo ya
hacia el vientre,
ayer tutelar de un sexo enmarañado.
Sigamos a sus piernas
espirituales,
a sus piernas de guitarra
que recorren largas travesías,
camino a diez notas únicas disímiles.

VI. Canción de amor silvestre y matutino

Blanca
y voraz,
dulce y ambigua vino
a extasiarme con su elocuencia
—reina—
en la aurora.

Barcarola insigne
parte de las cuevas azules de sus pupilas
atravesando de la muerte el aroma.

Me sabe tu alma
a hierba turgente,
suave cual la luna plateada y líquida
que modelan tus manos.

Brillan los labios
como espadas
que irradian el deseo, frutas prietas
partidas en gajos
de los que cuelga el azogue
inquieto de un temblor amargo.

Blanca vino
y voraz,
a consumirme en la madera ardiente
de las mañanas claras.

Con gestos como tiernas aguas,
con abrazos como ríos vírgenes llenos
de tucanes olorosos,
peces vívidos,
salamandras de ternura.

VII. Oración ferviente

Oh infecunda cual el tiempo
y mística, mi amante,
cruel
añorábate
en el borde mismo del silencio
y esta euforia
que es un conjuro pensativo
y un ánfora repleta
de amaneceres cabizbajos
y sórdido romance.

Sonámbulos
cual tormentas de fósforo
flotando en nubes solas,
esclarecidos de las primaveras heladas
de los sueños
donde son minúsculas las flores
y los aromas se peinan
hacia atrás
en un revoltijo súbito
y proclamador.

Hitos del amor
—oh incrédula—
en la hora embebida de cerrojos
y pájaros libres

como el viento en las vecindades de Dios
y de la fiel abreviatura de la carne,
te me ofreces
intuitiva,
grácil,
pura
e insurgente.

A los huesos
te me anudas, nutricia
en el acento cerciorado
de la voz que relumbra
en las ramas verdísimas cargadas de lluvia
y lejanías conmovidas,
apaciguadas por el frío
en las siluetas de las sombras,
lo mismo
que un vendaval
me abrazas mortalmente...

...delirante,
transformada en mariposa gráfica
en un escándalo de esencias
y murmullos
en la amargura
de la pasión o la ilusión,
se nos clava
el hálito contenido
del gozo

en nuestra colección
de asombros y yertos desengaños
para la unísona liviandad del cielo.

Oquedad
hechizada y pletórica
descubierta en las cercanías de un labio
ferviente y compañero
lleno de colores
y violines
para nuestro himno sin muerte
en la muerte de nuestra muerte
amén.

VIII. Amanda

"Te canto, Amanda,
en este valle sin calor que es la vida y cuyo contorno
*   es la Muerte.*
Sin más, vas adelantando
ese claroscuro que vendrá
al final del túnel donde esperan
los hijos del destino que compartieron nuestros pasos.

Por aquel sendero a veces polvoriento, a veces anegado
de dulces vagos sueños.

A diestra y siniestra nuestros cuerpos
fueron alma, alzamos nuestra mirada juntos
en las noches solitarias,
y en comunión sagrada nuestras manos se acariciaron
*   mutuamente*
como dos cirios derritiéndose uno al otro
para alcanzar la Unión.

Ahora yacemos sin embargo en este suelo duro,
dos ramas secas que dieron frutos,
entrelazadas ya por siempre
y agradeciendo el verde resplandor de la Vida
que nos regaló su abrazo."

Bahía IV

"Te quiero como una lacra espantosa que fluye
en este Nirvana sin codicias, pelele gris de sí misma,
¡Miguel Ángel encerrado en su Moisés!"

Siente la frecuencia del olvido, escupe, sí, esa
        bestia a través de esa ventana
de tu alma que se cierra entre chillidos de la infancia
y *delicatessen* parentales, juegos de nunca acabar
        para la idiosincrasia de tus miedos.
"Vamos, abrázalos, hacen lo que pueden, temen lo que
        deben, implican la ignorancia."

La sociedad es ahora muda, nadie dice, nadie
        habla, solipsista de su circo,
malabares de la voluntad, misterios de la conciencia.
"Vamos ya, contéstame, alma solitaria."

En el hueco de la huida se preservan los avatares
        que se hincan
en el altar de las cotidianidades vanas, o importantes,
        según lo mires, según lo sientas.

En los bosques de lujuria las sílfides juegan entre los troncos,
escondidas de los colibríes asesinos,
desde su propia incomunicación les avisa
        Botticelli.

Ya basta. Ya vienen los caballos negros
      y las flechas son lanzadas
desde arcos invisibles al azar y envenenadas,
hasta la penetración de esas vanguardias.

Cuarta parte
Mar negro

LA ISLA DEL DOLOR

Hay que atravesar la noche sobre el mar
para llegar a una isla que mira a las estrellas
en busca de respuestas a esa oscuridad y silencio,
palabras donde se ocultan la muerte y el sentido.

I. Fantasmas como ideas

Crecimos bárdulos
de la idea, nos aferramos tierna
y salvajemente de sus ramas poderosas
para al fin caer
por nuestro propio peso, a la Tierra de las
      sombras verdaderas.

Crecen también
los fantasmas como brazos poderosos
saliéndose del mar, haciéndose
ominosos en cada espiral que purifican,
descendiendo en sus líneas para evitar el cielo.

II. Esos

Orgullosos de su afán,
en su afán rígidos como hilos en el vilo del
delirio,
rojos de querer,
aullando largas carcajadas diabólicas, no más,
prestos en acechanza,
lívidos en su lujuria, oscuros en su pésima
        magnanimidad,
yo no puedo decirte qué será de ellos.

En sus enfermizas oquedades
se esconden grandes goces, desenfrenadas
        perversidades
sin desdén,
sin límite preciso que les sobresalga entre la
        monotonía de los iguales estúpidos.

Yo sé que sueñan, yo sé que
se devoran entre esas llamas que propician
su esperada consumación.

Pero no hay forma;
su grandeza se desboca, nunca han tenido la
        menor esperanza.

Esos, los condenados.

III. DESTINO PREVISTO

Elevado en la noche en tinieblas el corcel galopa
    al unísono con el dolor,
esa onda que se expande.

El empuje del mar abate murallas en los
    acantilados de ensueño,
paliativos románticos.

Los bosques susurran poemas a Eros y el viento
    toca *suonas* y *xiaos*,
en catarsis sinuosas.

Revientan las olas con poderosa adolescencia
    agrietando las rocas sin forma,
libido que se desboca y muere.

El suero de la angustia cae de las nubes como una
    lluvia exangüe, casi de rodillas,
en imprecación sin término.
Sinopsis de la esclavitud del cuerpo, pertenece por
    entero al reino oscuro,
esa efusión lejana.

Creo en la dulce Muerte que avanza junto al
    desamor de la Vida,
polaridad despojada de síntesis.

Diminutos fugitivos sesgan los límites, con
        atrocidad vulgar, hostilidad dilatada,
esos seres llamados humanos.

Pernoctan sonámbulos en medio del desierto
        y el sol derrite sus pies en el sílice tenaz,
como bereberes del destino.

Son nómadas del tiempo que acrecientan su
influjo para marchitarse hacia el fin del Universo,
        esa tragedia intuida desde el Origen.

A menudo falla, con impuntual elegancia de
mieses doradas en los atardeceres naranjas, ese
        lecho de espumas que se dispersa
para descansar tendidos en el horizonte, de una
        vez por todas,
por los siglos de los siglos.

IV. Sombras

Si el cielo fuera un relámpago en una noche cerrada,
si de pronto el aire cantase,
si las tinieblas súbitamente se posasen sobre el
    mar crispado
y cruzasen el cielo pájaros sutiles,
yo creería en las sombras.

Si llamaran voces redondas
detrás del susurro de las estrellas que se esconden,
si creciera una chispa hasta hacerse herida del Universo,
llama lúcida,
si llegara hasta mí, rodeado de estrépitos y risas,
un torrente de alas de nieve
y sonara una música de ultratumba,
con dulzura de muerte,
que viniera de distancias donde
el silencio se hace materia desvencijada
como un fantasma que llora,
en mitad del viento y la tormenta,
así,
yo creería en las sombras.

V. Cristal opaco en tensión

Descansa
—cómo escuchas las liras,
abundantes dudas que enloquecían al alba—,
antes de que
ni siquiera
los barcos zarpasen con nuestra infancia entre
la niebla.

Antes de que
nuestra respiración espontánea fuera una galería
de un único sendero,
por donde los recuerdos
yacieran en su blancura como cuadros del
tiempo.

Descansa
en esta luz de agosto,
tendida entre los árboles del paraíso que es a
veces la tierra,
en el ámbar de unos labios
que progresan en amor, como gaviotas que a lo
lejos te rozasen con las alas;
muriendo —cristal opaco en tensión—,
descansa muriendo
y espera que las naves partan a las orillas
inexplicables.

En mitad del mar

Hay un vacío que crece sobre las aguas sin término,
una pátina negra, piedra pulida del silencio negro,
donde no hay brisa, ni sol, solo desamparo.
"Apago mis ojos, me vuelvo hacia dentro, y floto
sobre la música interna, la escala de notas puras
revolotea en el Nirvana interno, una luz azul se vislumbra,
un mar azul empieza a crecer y me olvido
del teorema perfecto, de la ecuación perfecta,
de la teoría tonta del todo. Y emerjo…"
Nadar sobre la superficie tersa que al tacto
se siente como la piel de un muerto,
pero que poco a poco se muda.
Alargar los brazos, soñar con la libertad del tiempo
y dejar atrás las cicatrices del espacio,
posibilidad de las posibilidades.
Avizorar allá lejos un *déjà vu*,
donde el horizonte es el origen,
donde el mar azul es de un azul místico…

Bahía V

"Mira, oculta, siega, inhibe esas aguas azules
que corren entre hojarascas de este otoño,
las alas de este arcángel rebelde que se suma a las
 bacanales del día.
Confiérele la asunción de su inteligencia, el azur de sus
 manos que licúan
el sol y el volcán de sus ojos sangrientos, lápidas de guerra,
como cuervos que deliran."

Quiero ayudarte a crecer entre lianas y líquenes,
 en este Amazonas de un fango
que absorbe sin medida, agujero negro,
 singularidad de la selva, roces del sexo
en las quinielas del oído, taponeado de este barro
 donde nació una hembra
para la unción del fuego y la fusión de la carne y la materia,
con la saliva caliente que derrama.

En el camino del instante viajan los recuerdos,
ensoñaciones se aprisionan como burbujas mínimas.
Se arremolinan como bardos en trance de frustración
hacia la cruz de sus vidas, barcos ensimismados.

Desde esos fondos, los ojos lanzados hacia el Cielo,
la esperanza, con dos alas del tamaño de la Tierra,
proyecta, entre hecatombes y derrumbamientos,
la superación de la Materia.

Quinta parte
Mar azul (I)

Primera isla mística

Las espumas y las olas empiezan a elevarse,
las aves se reflejan en el mar azul
como una revelación hecha de cuerpos
que se transparentan casi hasta la desaparición total.

I. Oración en el abismo

La luz de todas las luces,
se dice que está más allá de la oscuridad.
BHAGAVAD GITA

Señor, no permitas que el cielo color añil
se desparrame por las calles
en aguaceros que comulgan con violencia.

Señor, permite que los corazones de piedra
    se resquebrajen,
que de ellos surjan esmeraldas y amatistas para todos,
    que palpiten de nuevo al unísono
    con las ondas universales.

Señor, búscame en la sangre que invade,
    en los tambores
que veneran montañas incendiadas, en las selvas
    que se evaporan,
en las campanas del Tíbet, en los yertos campos
    del silencio.

Señor, consagra una noche a los Búhos del tiempo,
a las esferas de luz que caen en el Mar,
a los pájaros siniestros,
a las caléndulas derretidas.

Señor, revive los panales con miles de florescencias,
la migración de los leopardos, las ranas cristalinas,
la piel de las víboras, la leyenda de las cobras
        y el tintinar del cascabel.
Señor, te pido todo eso,
ahora y en la hora de nuestra muerte.
Amén.

II. Comunión

No te sientas solo,
el Universo entero está dentro de ti.
RUMI

"Aquí,
en la soledad sagrada,
en posición de loto
junto mis manos en dirección al cielo,
aquí junto a la pequeña poza
que forman cataratas de poco caudal;
va cayendo el rumor en el río quieto,
sembrando su entrada en las aguas
con una neblina que canta…

Respiro lenta y profundamente
y aspiro los efluvios de hierbas y flores,
brisas y hojas que danzan entre la luz;
las piedras al sol
—un sol benigno del atardecer—
brillan con alegría y esplendor.

Se escuchan zumbidos
que se confunden con el correr de las aguas…

Los pájaros lanzan cantos espirituales
acompasados por un director de orquesta que no es visible.

*La sombra de mi árbol no es completa,
mi cuerpo es recorrido por las sombras móviles
de ramas y hojas menudas, como enjambres de abejas.*

*Las hormigas se concentran en su trabajo:
transportar trozos de hojas y hacer fila entre las piedras.*

*La brisa mueve la hojarasca azarosamente
y la fricción diminuta con los elementos terrestres
serena el alma.*

*Alzo mis ojos al Cielo, observo las nubes en lo alto
como ángeles gigantes que nos cuidan
en esas bóvedas de espacio no limitado.*

Y soy Uno con el Todo."

III. LOS CUATRO JINETES DEL APOCALIPSIS

1 Y vi en la mano derecha del que estaba sentado sobre el trono un libro escrito de dentro y de fuera, sellado con siete sellos.
2 Y vi un fuerte ángel predicando en alta voz: ¿Quién es digno de abrir el libro, y de desatar sus sellos?
3 Y ninguno podía, ni en el cielo, ni en la tierra, ni debajo de la tierra, abrir el libro, ni mirarlo.
4 Y yo lloraba mucho, porque no había sido hallado ninguno digno de abrir el libro, ni de leerlo, ni de mirarlo.
5 Y uno de los ancianos me dice: No llores: he aquí el león de la tribu de Judá, la raíz de David, que ha vencido para abrir el libro, y desatar sus siete sellos.

Libro de Apocalipsis,
Cap. 5, vs.1-5,
Nuevo Testamento.

1. CABALLO BLANCO (La esperanza)

"1 Y miré cuando el Cordero abrió uno de los sellos, y oí á uno
los cuatro animales diciendo como con una voz de trueno: Ven y ve.
2 Y miré, y he aquí un caballo blanco:
y el que estaba sentado encima de Él, tenía un arco; y le fué dada una corona, y
salió victorioso, para que también venciese."

Libro de Apocalipsis, Cap. 6, vs. 1-2

El jinete cabalga sobre las nubes presidiendo la victoria
o la gloria de los Cielos sobre la Tierra,
la batalla del Espíritu ha sido ganada
y la materia yace a sus pies esperando las líneas de fuerza
que proveerán las nuevas formas,
un Himno se eleva desde las estrellas,
cataratas de luz caen desde océanos de nebulosas,
el caballo altivo resopla y sus crines son como galaxias,
su cola es la de un cometa de nieves eternas,
el jinete es el cordero inmolado y su frente mira
hacia el último resplandor del Universo,
su mirada abarca eones completos y se hunde
en los abismos donde solo llegan arcángeles…

2. CABALLO ROJO (La guerra)

3 Y cuando Él abrió el segundo sello, oí al segundo animal, que decía: Ven y ve.
4 Y salió otro caballo bermejo: y al que estaba sentado sobre Él,
fue dado poder de quitar la paz de la tierra, y que se maten
unos á otros: y fuéle dada una grande espada.

Libro de Apocalipsis, Cap. 6, v.4

Un heraldo violento cabalga envuelto en llamas
con la mirada fija en su presa, su proclama es la destrucción
sin condescendencia, el sistema de cosas será arrasado,
el fuego purificante que unifica en cenizas las
      iniquidades revueltas,
espada contra espada, puño contra puño,
      sangre contra sangre
a galope tendido, los despojos entre las patas del
      caballo sangriento,
los ojos en furia, los músculos en crispación y
      desdoblamiento,
a su paso los truenos y los rayos allanan el camino
y caen árboles y pueblos, bosques enteros se
      abrasan en el suelo ya negro,
toda belleza será asolada,
      las ruinas se reproducen como víboras,
la discordia atraviesa la faz de la Tierra,
los humanos yacen tendidos en los suelos
      que calcinan, el agua arrastra la
inmundicia hacia los mares tenebrosos…

3. CABALLO NEGRO (La miseria)

> *5 Y cuando Él abrió el tercer sello, oí al tercer animal, que decía:*
> *Ven y ve. Y miré, y he aquí un caballo negro: y el que estaba*
> *sentado encima de Él, tenía un peso en su mano.*
> *6 Y oí una voz en medio de los cuatro animales, que decía:*
> *Dos libras de trigo por un denario, y seis libras de cebada por un denario:*
> *y no hagas daño al vino ni al aceite.*
>
> Libro de Apocalipsis, Cap. 6, vs.5-6

Contorneándose contra el fondo de la noche
    el brillo de su piel los perfila,
un costado de músculos de piedra y en el otro
    el pellejo pegado a los huesos,
el corcel negro y el jinete negro dibujan el límite del dolor,
cabalgan en un círculo más allá del cual está la Nada,
adentro la enfermedad y el hambre conviven con
    masas desesperadas,
y el vino y los aceites se reparten entre unos
    pocos individuos,
aquí cabalga la injusticia con su balanza inclinada,
el jinete con sus botas y capa y guantes negros
    relucientes en un costado
y el traje raído en el otro costado, el rostro lozano
    y la mejilla enjuta,
caballo y jinete cruzan los ríos entre cadáveres
    y troncos, se elevan
entre nubarrones grises y descienden cosechando
    solo sombras en los campos

mientras los palacios intactos exhiben
    sus magnificencias
y los hombres poderosos ríen y se degradan
    en las porquerizas del lujo…

4. CABALLO AMARILLO (La muerte)

7 Y cuando Él abrió el cuarto sello,
oí la voz del cuarto animal, que decía: Ven y ve.
8 Y miré, y he aquí un caballo amarillo: y el que estaba sentado sobre Él
tenía por nombre Muerte; y el infierno le seguía: y le fué dada potestad
sobre la cuarta parte de la tierra, para matar con espada, con hambre,
con mortandad, y con las bestias de la tierra.

Libro de Apocalipsis, Cap. 6, vs.7-8

En caballo amarillo viaja la Muerte, con guirnaldas
encebadas, racimos embadurnados de cera de abejas
y miel para las libaciones de las calaveras,
para atraer insectos, mariposas o almas,
más allá del círculo cruzan los fantasmas hacia la Nada,
se desata el olor a inciensos, los esqueletos visten
túnicas naranjas, amarillas o rojas, cada uno con
      su Libro de la Vida,
amarrados por miles en fila, el caballo amarillo
      y los ayudantes del Hades
arrastran los restos de los hombres
      hacia las columnas del Limbo,
después del ataque de las fieras
      en todos los puntos cardinales,
esperando el Juicio Final y la apertura de los tres
      últimos sellos…

IV. Rebelión del esclavo

> *Hoy he visto cómo un esclavo*
> *se volvía más poderoso que el emperador de Roma.*
>
> Connie Nielsen - *Lucilla*

"No diré nada de las abluciones del Amo
y menos querré ser aire de estatua,
libertad fallida por una complicación funesta.

Ser consecuencia de su aspaviento menor,
de una duda certera
o de una lluvia insistente en el Invierno Universal.

Que el dios imponga su forma,
sus agudas espuelas,
y su tribu fiel nos acaricie enseguida o no nos niegue el dolor.

Que la carrera iniciada
desde los Orígenes del Ser,
que la submarina ruta y su propensión al enigma
sean lo que quieran y lo que han sido.

Que otras vidas inermes potencien el vuelo,
calculen la preterición eterna del frío sobre las olas,
la triste vecindad de los vencidos y
los vientos que ponen su metal obligado a la sinfonía imprevista.

*Que impreque, transformándose la Nada
en reales vendimias para un lento verano
absuelto en primavera.*

*Porque las gotas de luz
interminables se juntan y cosechan albatros vivientes
para que custodien las Islas por la eternidad del Tiempo.*

*Porque es ancha la Tierra
e infinito el poder de la Vida,
y nadie ni nada logrará cansarme con sus bostezos de muerte."*

V. Poema de bienaventuranzas y malaventuranzas

Malaventurados los alborotadores
porque ellos heredarán las guerras.

Bienaventurados los que lloran
porque ellos purificarán sus ojos y su espíritu.

Malaventurados los que engañan
porque el fuego de sus mentiras los calcinarán.

Bienaventurados los parsimoniosos
porque ellos llegarán primero a los pies de los Maestros.

Malaventurados los astutos y los cínicos
porque su desviada inteligencia decretará su ruina
      por muchos siglos.

Bienaventurados los misericordiosos
porque ellos vivirán la suave voluptuosidad del honor.

Malaventurados los violentos
porque esa fuerza arrolladora cederá como una
      pluma ante las fuerzas invisibles.

Bienaventurados los que claman en el desierto
porque las voces divinas poblarán sus noches
      de melodías sin fin.

Malaventurados los que escupen en los rostros de
	los maniatados
porque sus labios serán sellados
		por una eternidad.

Bienaventurados los que ejercen la justicia
porque ellos heredarán ciudades
		de arcángeles.

Malaventurados los burladores insensibles
porque el filo de su lengua se gastará en las botas
		de los señores de la Guerra.

Bienaventurados los siervos amables que ejercen
	la armonía
porque ellos heredarán las llaves del sentido de
	la Vida.

Malaventurados los avariciosos sin escrúpulos
porque ellos aplacarán su sed en lagos de sal y
	de oprobio.

Bienaventurados los que reparten el Pan
porque su fortuna será amasada
		en las mesas celestiales.

Malaventurados los inicuos
porque toda la cizaña que sembraron y abonaron
		será su fiel alimento.

Bienaventurados los que han sacrificado su vida
   por justas causas
porque de ellos será la gloria del Universo.

VI. ÉXODO

Se inicia el éxodo, mugriento, arsénico en la Luna.
Hay pocos que aún permanecen, se desvelan,
piensan en algo informe, inconsútil, drástico.
"Que tu fe no permanece…
no es altiva, no genera dividendos para el alma.
Que tu rostro es triste, sin lánguidas caricias
que le propine el viento frío sobre las frías torres
que avizoran el mar."

La música de Wagner se enrolla en las tormentas.
"Te declaro hijo —versátil— de los acontecimientos."
Las hadas del tiempo rezan, vibran, lloran.
La oscuridad nos envuelve en sendas sábanas grises.

Nos subyuga el tiempo, crece la nostalgia,
brilla el mar, muerto…Pero ahora surgen
olas que se abren donde corre el rojo vino que cae
      del cielo.
Los ángeles o avatares huyen despavoridos.
Como un enjambre de sombras blancas.

VII EL REINO DE ESTE MUNDO

> *Melior est im via, amor Dei quam Dei cognitio*
> *(En esta vida, es mejor amar a Dios que conocerlo).*
>
> SANTO TOMÁS DE AQUINO

1. PADRE NUESTRO

Pater Noster,
que estás en el suelo sagrado,
sanctificetur seas pandemia,
venga a nosotros la oscura seducción
de la muerte;
hágase la Voluntad,
la dialéctica del *caelo* y de la *terra*.

Panem nostrum cotidianum da nobis hodie,
quita el hambre de los encerrados y atados de manos
que no pueden ganarse el sustento.
Perdona nuestras deudas
sicut et no dimittimus debitoribus nostris.
No nos dejes caer en la tentación de salir a la luz
para que sigamos permaneciendo en las sombras…

Sed libera nos a malo.

Así sea.

(Amén).

2. AGNUS DEI

Cordero de Dios, *qui tollis peccata mundi*,
ten piedad de nosotros.

Agnus Dei, que quitas el pecado del mundo,
ten saciedad con nosotros.

Cordero de Dios, *qui tollis peccata mundi*,
danos la paz, al fin,
como un río que arrastre los sinsabores del Caos.

Agnus Dei, que quitas el sufrimiento del mundo,
danos dignidad a nosotros,
miserere nobis.d

Exaudi nos, Domine,
oye los gritos que ascienden de las casas selladas,
de las bocas selladas,
de las dudas selladas.

¿Corderos o lobos?
Danos la paz.
Domine.

BAHÍA VI

Quiero alcanzar los ángeles azules de las cavernas
que crecen en las profundidades del mar, tupidas
> de lapislázulis
yacentes en la lava que escapa de las puertas
> como fauces.

Demonios de sí mismos, chispas de la muerte
se deslizan como pajarillos que asesinan el tiempo.

"Tú luces cuan larga eres, desidia.
El fuego que apaga, la luz que oscurece,
un sueño que cansa, la suave displicencia."

Una nigua será águila imperial. Una estrella cae
> del vértice
de aquella constelación que llora en la noche.
Pero no hay consuelo.

Prosigue el viaje interior.

Sexta parte
Mar azul (II)

Segunda isla mística

Cuando desaparecen las palabras, nos adentramos
en las hondonadas azules de la COMUNIÓN,
isla perdida en el santuario del mar,
donde el ser se repliega en un retiro lleno de Odiseas.

I. Dios o universo

Tú me impulsas,
Dios misterioso que sueño en el Sueño
desesperado de este mundo,
de este Universo glorioso como una campana monástica
que renace desde los siglos de los siglos
y nos invade con su mar de sonidos ultrajados.

Trasfondo cierto
que sostiene nuestras sensibilidades,
que con su soplo
abriga los árboles que desaparecen
        cuando ya no los vemos.

Tú, Dios
o Universo,
el Bien o el Mal,
áspera verdad o dulce desafío,
fulges,
refulges
en cada una de las miradas que se atraviesas con
        espadas sagradas,
viéndonos,
viéndote
a través del velo que es TU magnificencia.

Tú me impulsas,
zureo de paloma herida,
¡luz chorreada desde la garganta de invisibles
    pájaros indelebles!

Dios o Universo
escúchame:
yo te amo con la serenidad que dan
    los lirios de los campos
y las barcas aladas que parten hacia
¿dónde?

II. ONÍRICAS *ZAREVNAS*

Fuego del Viento.
No han crecido aquellos brotes de aquellas
estrellas incipientes.
De aquellas luces en desorden.
Eres un ojo púrpura en una cara piramidal.
Orbes pitagóricos van convirtiéndose poco a poco
en líneas divisorias.
El sueño es el lugar más antiguo del mundo.
¡Oh la carne blasfematoria!
(Y mi karma que se hace cada vez mayor).
¿Cuándo encontraremos
las *zarevnas* que reinan en el infinito eterno?
Sí, aquel es el nombre.
Fuego del Viento.

III. Unidad

Cuerpo desnudo:
aurora crucificada.
Luz o materia no conferida nunca:
ahí estás, desde siempre, sin inicio,
sin final.
Puedes cambiar de apariencia
pero el Universo es uno.
Así los sueños.

IV. BRAHMA

Susurro.
Pianos en el éter:
para quien haya visto mónadas sublimes
un placer espiritual.
Sombra espiritual.
Trescientos once billones cuarenta mil millones de años forman la
Edad de Brahma.
¡Cuántos reflejos
divididos al infinito, aun en paradojas!
Aquiles jamás alcanza a la tortuga.

V. MIRANDO EL CIELO

1

La incapacitante piedad adormece
la seducción de esta noche en vela,
pero no el esplendor de su misericordia.
Así el dolor cuando se torna
materia de una mística a veces falaz.
No para insurrecciones la debacle del canto exhala
        sus inmundicias,
al tenor de un canto largo del pájaro transgresor,
sino para promesas de diluvios que vengan desde
        la región del olvido,
mensajeros oscuros y palpitantes en la noche sin Luna.

2

Ver las montañas adherirse al horizonte,
esa superficie en la multidimensional malla
      relativista
y caer en ese abismo todavía sin nombre, hollando
la paz
de los arcángeles. En las vastedades de gas
      y polvo estelar
se forma el gran útero de estrellas, premoniciones
de vida en la incipiente noche invernal del Vacío,
donde las águilas del crepúsculo se esconden
cuidando sus nidos llenos de íncubos…

3

Prototipos de seres humanos e inhumanos
cuelgan del Limbo, entre silbidos de cometas
y anillos planetarios. El hombre de Vitruvio
de un tal Leonardo esclarece sus matemáticas
entre líneas euclidianas paralelas
¿que no se cruzan nunca en el infinito?
Allá crucificados, chorrean símbolos
en los círculos eternos,
y se subyugan como Prometeos sangrantes
al destino de este misterio
que vivimos día a día.

VI. Noche

Se trata de una alusión a la inocencia que calla.
De un adusto caminar entre el aire en soledad
        junto a la playa que se oscurece.
Como el mirlo en júbilo así es la alegría dura
        de mi alma,
providencia de un suceder deslizándose entre la pureza.
Quizás el sueño, la danza de la infancia revolotea
ante mis ojos que palpitan.
Quiero ser perfecto, pero somos ángeles caídos.
Furtivos los llevo en el pecho una pena del Tiempo
y el sufrimiento del Espacio inicuo.

Apretando al silencio, ruedo largamente con
        impasible austeridad.

La noche rebasada allende la bahía lleva sobre
        sus hombros
la nostalgia del momento.

Figuras místicas, las estrellas elevadas en lo puro,
en la insuficiente costa del firmamento,
como bajeles predestinados navegan
hacia la precipitación del Cosmos,
allá, donde en lo más lejano, todo cae
en una catarata de Luz sin término.
Ahí debe ser el Cielo, ahí debe habitar la Muerte.

VII. Transición

El suelo es intenso
como burbuja insegura.
La muerte riega mis mejillas
con una luz espléndida y pacificadora.
Los que eran tuyos ya no son tuyos
ni tú eres más de ellos;
vendrán otros Hijos a engendrar otros Padres,
¡oh Humanos de ojos dulces y cálidos!
Guirnalda de aromas
a través de mi cuerpo místico
y violeta, en el Otro Lado.
Qué bueno caminar ingrávido
hacia las primaveras largas del cielo
donde tu pecho se ahueca para ungirnos,
Padre Celestial.
Fecundo y engrandecido,
el río de la Vida se me va,
ahogándose en visiones cual trenzas de milagros.
Temblaron mis ojos
las canciones, cantaron derramados
de constelaciones suaves los deslumbramientos.
Palpo ya mi alma, mónada ferviente liberada
en el infinito seno de un infinito corazón supervibrador.
No tienes que devolverme las plegarias
esparcidas ahora por el viento
que no sopla ya en mi cara.
Todas han sido colmadas.

VIII. Emanación

Entre tus manos late una aurora.
Se ha cercenado la dulzura del canto.
Mi propio rostro es un mapa cardenoso.
He aprendido la vergüenza del anochecer
resucitando entre golondrinas negras.
Habita en mí la seducción de la espera:
vertical la agonía, contumaz la obediencia.
Qué extraño que en media expectación
el poderío del silencio desde tus ojos me conmine.
Como por descuido retumba la hermosura.
Ah, el aroma feliz serpenteando entre los brazos,
emanación de una ternura
        que se cuece adentro de la piel.
La brisa enfría la comba áspera del muslo.
Piernas alanceadas, ahogadas de contacto.
Estrellas como aretes en el rostro de Dios
chorreando luz en el pecho cósmico.
Un tumulto de eternidad en unos labios
que ni siquiera saben de la polvareda
        de fábulas de la sensualidad.
La restricción es enorme; pero otra vez la paz
        como una nube
pesada desciende entre todos los Brahmanes.
Epifanía del cuerpo y del alma.

IX. El hábitat de Dios

Adormecerme en lo salvaje, resucitar en lo inhóspito,
viajar en la soledad de Dios
entre densidades
marinas.

Resbalar entre los pliegues de los nubarrones morados
y el brillo inconsciente que se dibuja
en finas líneas
sordas.

Absorber el aroma frío del movimiento tímido-perpetuo,
adecuarme a la forma
y saborear en medio de la pausa
un pedazo de nube
pura.

Destruirme en el agua insensible que eleva hasta la muerte
esta lejanía tan íntima,
oh lluvia anticipadora y
grácil.

Y ante mí, el sol insurgente y sagrado, fúlgido
      de iniciación,

irradia el tiempo. Rayos como venas
por donde corre la sangre cósmica
hacia nuestros corazones
solitarios.

En el hábitat de Dios, adorados, crecemos como estrellas
en medio del destino
y cruzamos el vital instante de la
Unión.

X. SAGRADA COMUNIÓN

Qué torpe el infecundo arrebatado
que en las postrimerías de la temeridad
te acusa en silencio por tu silencioso estupor.
Qué torpe, si en iguales complacencias
te seducen, otras más vanas
y hasta más dispersas, liviandades del prójimo.
¡Salud!, por los tiempos que encima se nos arrojan
cual soles derretidos. Quisiera ahora consignar
mi más especial y vaga protesta.
Porque no hay días solemnes
en que el hallazgo no se esconda entre cruces y arpegios
y nos aquilate esta nuestra fatal indiferencia.
¡Por la luz del cielo! Incorpórate más temprano,
alza el júbilo, sé potente en el acierto y fugaz
en la compasión, pero disfruta el paisaje que
        lentamente pasa.
Arrodíllate en sagrada comunión
con el Uno Múltiple simplificado, y espera
a que todo gire en cauces propios,
para así concederle
la supremacía del asombro.

XI. ¿Opuestos?

Clara mediumnidad del día,
alta conciencia de la noche
son posiciones transferibles:
bien se puede llegar a ángel con sólo luz de estrellas
o con sólo sombras vagas alzar los cuernos del infierno.

Oh, Amén.
Dura la noche que encerramos, el precipitado
de injusticias, de máscaras volubles,
de sangrientas cuchillas;
los ejércitos internos.
Y suaves como el *akasha* las burbujas de los sueños
que borbollonean en el alma,
suaves como la espuma de sabiduría.

Oh, Amén,
oh azules, negros ejercicios
de alta noche inerme, de alto día pleno,
una y otro ya divinos.

¡Imperecederos!

XII. Hora oscurecida

*"Te amo,
hora oscurecida,
tintineo del akasha: ondulaciones
en el Mar;
te amo,
a ti única y sin razón hermosa,
hora de la pregunta
y del conocimiento;
te amo
aun sin codicia, alrededor
del Universo prohibido,
equilibrista del instante;
te amo,
sí, azul profundísimo, hoyo sin fondo
cuyo fondo es una abertura infinita;
te amo, misterio espiritual,
te amo en el loto de la tranquilidad
y en el éxtasis profuso de tu vértigo,
en la magnolia de tu muerte;
te amo,
mente oculta, esperanza única,
hora oscurecida,
magia de puntos tatuada
como un velo del rostro hermético de Dios."*

XIII. Patria

Hay una Patria que reside en la Noche
y un sendero que se deshace cuando es hollado,
la evolución del Tiempo solloza a la vera,
acurrucada entre las piedras y la maleza
que se mece al son de otras tempestades.

La progenie del Cielo
se incorpora poco a poco en este suelo
      y en estas eras.
"Por sus frutos los conoceréis…"
Deambulan por ahí entre callejas de París
o por avenidas latinas,
entre los templos griegos derruidos
o tirados en las escalinatas de pirámides mayas
o aztecas,
alzando sus cuellos hacia los monolitos de Pascua
o nadando en las aguas del océano Índico,
descansando tal vez y acariciados por las brisas
en Tahití
o temblando de frío bajo una aurora boreal.
Hay una Patria de otro cielo,
en otro Sol,
en otro abismo
¿de otro Universo?

Bahía VII

La voracidad cruza las fauces del lobo y se adentra
en la garganta del lagarto y en las mandíbulas del puma
con bella entonación de música sangrienta.
Pasos de pluma, millones de corazones
        dentro de frascos de diamantes
esperando la hora del destino.
"Yo quiero subir alegremente y volar,
transgredir mis alas rotas en el valle del silencio,
bañarme en ese mar verduzco que refleja las
        pirámides de Egipto,
las alturas de Machu Picchu y las tormentas del Caribe".
Con esa magia de adolescencias donde todo es posible,
puntos que brillan en los espacios, oasis de posibilidad,
escarcha de la vida pura, de la inocencia casi salvaje,
        en un hedor de redención.

Séptima parte
Mar verde

La isla de la vida

El viaje termina donde inicia la vida,
isla verde donde los ojos se refrescan,
y las palabras huelen a savia y semillas;
isla frágil que pronto se tragará el mar…

I. Tarde de oro

Íbamos creciendo a grandes pasos
por la estación sibilante,
dulce salutación mística
deshaciéndose en arpegios leves;
abandonamos
una tarde llena de oro y azules intensísimos
como se deja una isla,
como se deja un amor
en la libertad total del viento y del alma.

Una idea fija:
esta playa incandescente,
esta plata fría que con los pies tibios de intimidad hollamos,
el resquemor del sol,
a magia de aquel sol
que inmortal nos mira;
nosotros: dos gotas cósmicas diluyéndose
en el mar profundo;
esta levedad de arcángeles en caída sutil.

Nosotros que
con voces entrecruzadas
somos llamas en tersa sinfonía;
tambores suaves
y redoblantes
a través de gaviotas sobre la bahía perdida.

Fuertes voces
en espiral difícil,
modulaciones de la fuerza
que late como un corazón exaltado, violento,
corriendo desesperadamente hacia la muerte y la redención.

II. Día sagrado

Te vi, cordillera perdida, en los regazos del manantial.
Por la mañana era, cuando son alegres la bruma y la llovizna
sobre agua y rocas.
Donde cruzan, crepúsculos mínimos, los pájaros.
Tremendo amor de la NATURALEZA por la osadía del color
en medio de los himnos celestiales.
Una armónica vibra abriendo la atmósfera reposada
y la dulce expectación de la frescura y los milagros.
¿Entonces estás dispuesto? Innumerables veces se ha disipado
y vuelve la neblina interior. Pero este día sagrado bulle el CORO.
¡Oh VIDA que llamas a cada instante mientras nosotros,
      los INDIFERENTES,
volvemos la cabeza vana despreciando
      la LUZ por la OSCURIDAD!

III. LOS HIJOS DE LA TIERRA

A Toro Sentado (1854), Jefe Seattle
Poema basado en la carta que envió al presidente de USA

"Pregunto por un adiós
y una promesa de eternidad.
Pregunto por vosotros
que rebosasteis alguna vez de la frescura matinal
y del olor de la bestia y del árbol.
Pregunto si comparten
la Lluvia del Mediodía
esperando las tardes moradas de las llanuras inmensas
jineteando los caballos de la furia.

El mismo aliento,
la misma brisa gélida sobre las aguas.
¡La Vida se sostiene sola,
nuestros hijos sostendrán su gloria!
Pero quizá el Hombre es insensible al hedor que ha sembrado,
que ha cultivado y cuidado con tanto amor.
Suave es el susurro de la bestia y del árbol.
Y el fulgor de las aguas camino a la Destrucción...

Los últimos suspiros de los salvajes
serán el hálito más puro que nos quede
para cuando el Hombre haya contaminado ya todos sus lechos.
El mundo será una ceniza de abuelos,
hijos, padres y hermanos.

Amigo sobre amigo, soledad sobre soledad.
Un pedazo de tierra, un trozo mínimo de cielo y tambores
*   en la Noche Sagrada,*
una llama gigante que os hablará del fin del Tiempo y de la Sangre.

Nosotros no comprendemos tanta ignominia.
Compartimos el aire como compartimos el agua
en comunión con la bestia y el árbol.
El ruido nos insulta, pero la música danza en nuestros corazones.

Desde el firmamento se abre un camino infinito,
y hay espacio para todos.
Para mi pequeño hijo, para un Yo doliente,
para un gran amor.
¡La sola vista de un ala, de un blanco impenetrable!
El gran estanque de la Muerte preferimos
con sus colores misteriosos y sus reflejos provocativos.
"El murmullo del agua es la voz del padre de mi padre".

No comprendo el desierto desolado de nuestra Conciencia.
¿Es su profundidad sólo un pozo negro?
Nunca podremos olvidar esta hermosa Madre Tierra,
asesinada con nuestras propias manos.

Fuimos una familia alguna vez.
Ahora sólo somos restos olvidados.

El Hombre llegó como un extraño desde la noche de los Tiempos
y tomó de la Tierra lo que necesitó para hartarse."

IV. Mitología de las tormentas

1

Tumulto de pájaros.
Ríos del Tiempo arrastran pájaros azules.
Cantos gregorianos desde un ábside oscuro
se desbandan como haces de un aura metálica.
Pájaros azules
se elevan en busca de un cielo infinito.

2

La tempestad teje sus furias.
El faro en el peñasco gira su luz fragante.
Relámpagos ateridos,
truenos disfrazados de gritos,
estertores del horizonte herido por los rayos.
Torrencial, la lluvia
se divierte ahogando todo a su paso,
purificando la Tierra.

3

En lo oscuro se adormecen las orquídeas.
Las montañas resplandecen en la humedad
palpitante.
La brisa arrastra ríos en el aire.
El tigre se asoma solapado
entre las hojas goteantes,
esperando las señales del instinto.
Las hormigas recrudecen en largas hileras
exploratorias.
Mariposas metálicas se oxidan
en el fragor de la selva.

4

El eucalipto y la menta
dispersan su magia helada sobre el sinfín de esencias.
El oso ¡perezoso! se desplaza en la hojarasca.
La vida se revuelca, se retuerce, se exprime
y bulle en la atmósfera pletórica.
Amaina la tormenta, se huele la calma.
La brisa renace leve y diplomática
y acaricia los rostros de la Divinidad.

5

Azules y violetas se adelgazan hasta un límite sombrío.
Entre compases wagnerianos,
celestes luminosos se arredran entre el púrpura salvaje.
La magnitud de la Noche se acerca lentamente
a horcajadas, pasos fantasmagóricos
que auguran la muerte temporal de los violetas.
De lejos, se escucha el canto profundo de las valkirias.

V. GAIA

PARTE I:
El despertar de Gaia

"Pasaron días innumerables antes de que el Hombre respirara."

Parte II:
Los Elementos

A. Agua
"Desperté a la Vida en medio de cataclismos, nieblas y tormentas,
oleadas espesas de semillas, y en mis polos la gélida orfandad."

B. Aire
"Miles de pájaros se lanzan hiriendo la levedad del aire,
la brisa los árboles desnuda: sus túnicas verdes en espiral ascienden
como cataratas retorcidas y caen ligeros chorros de hojas en místico fervor!"

C. Fuego

"Consagro mis entrañas al fuego del magma subterráneo,
me ahogo en rayos fluorescentes en épicas tormentas en la atmósfera,
mi aura se llena de luces infernales y artificios de locura.
Cultivo en mis montañas rocas, granitos y mármoles pulidos
que darán como frutos estatuas congeladas."

D. Tierra
"La fértil maraña, el humus vaporoso y nutricio, mi piel y mi ansia,
las germinaciones húmedas se abrazan dentro de mí
en una red de raíces profundas o débiles que sustentan a
        bestias y fieras, serpientes y pájaros, abejones y
        hormigas, mientras las ranas cantan
en la lluvia como un vagido en los confines del Útero."

Parte III:
La desolación de Gaia

"Me invade el dolor, me arrasa la pena, se retuercen mis células,
mi respiración se agita en huracanes mórbidos, en gritos dislocados,
en angustias que enervan, serpientes del mal,
amenazas tórridas me invaden en la Oscuridad febril."

Parte IV:
El renacer de Gaia

"El sol se asoma lentamente entre los últimos vapores del caos.
De nuevo los campos reverdecen,
de nuevo el rocío relumbra hacia el Cielo.
Las sirenas en los mares entonan su canto más dulce para
una nueva Odisea.
El olor de la Vida (menta, tierra, savia, romero y sangre)
corre de nuevo por los cauces escondidos.
Incipientes paraísos se palpan, se degustan en los aires frescos,
en los manantiales lívidos, en subterráneas fuerzas, en los
suelos corajudos.
Ciertamente, la espiral de la vida se renueva en ondas expansivas."

PARTE V: Epílogo
Nacimiento y muerte eternos del Universo

"Yo soy GAIA, la semilla ínfima que creció en los
*   insondables abismos*
donde se gestan los Universos y las dimensiones,
donde en avalanchas omnipotentes el espacio-tiempo se
*   retuerce y se compacta en azulados mármoles*
*   impenetrables;*
soy sólo una de las muchas simientes,
un Ciclo de Nacimiento y Muerte,
implosiones cósmicas hacia el gran Hoyo Negro
y explosiones histéricas desde la Nada.

¡Loor a los Señores del Tiempo!"

El confín del mar

"Te pica la nostalgia en tu cuerpo sin piel.
¿El mundo es un fracaso? Acaso no lo sabes,
porque todo es incognoscible, ¿ves?"

El mal siempre procrastina. La seducción corre loca
detrás de los perros heridos, chorreando rabia.
Porque hay cataratas cuya mística todo purifica.

Se agita el Mar de las Palabras, olas como sílabas que
poco a poco crecen, desaparecen, vuelven, alucinan.
En guerra, en paz, esparcen, mienten, violan, irradian.

"Creo en la desolación que contradice paradojas
y disimula circunstancias, creo en el Sol de las mañanas
que adoramos por las tardes, encima del mar naranja."

La ruta ¿quién la sabe? La Voz, ¿se ha escuchado alguna vez?
¿De quién es el manto de los sueños?
¿Dónde inician los principios?
Una semilla, ¿lo contiene todo?

¿Al Universo?

Fin

ACERCA DEL AUTOR

Ricardo Segura Amador (Puntarenas, Costa Rica, 1965). La mayoría de su obra poética se encuentra inédita, a excepción de la publicación de su libro *ECOS*, ganador en 1989 del premio Joven Creación de la Editorial Costa Rica. Además del ya citado, ha recibido los siguientes premios: primer lugar Certamen Arturo Agüero Chaves (Universidad de Costa Rica) 1988; primer lugar Certamen Isaac Felipe Azofeifa (Festejos Populares de San José, Costa Rica) 1990; primer Lugar Certamen "Pablo Neruda, vive" de la Universidad Nacional, CSUCA., Embajada República de Chile, Instituto Costarricense Salvadoreño, 1991; tercer Lugar Certamen Carmen Lyra Festejos Populares de San José 1989; tercer Lugar Certamen de Poesía XX Aniversario del Colegio Universitario de Puntarenas, Puntarenas, 2001. En 2021, publica digitalmente el libro *Cien poemas impresionistas,* de JustFiction! Edition. Fue incluido en la primera Antología de Poesía Puntarenense y en 2023 en la antología de la New York Poetry Press denominada *Bitácora de 13 navegantes en Pan-de- Mar.*

ÍNDICE

El mar de las palabras

El origen del mar · 17
Bahía I · 19

PRIMERA PARTE: MAR GRIS
La isla del intelecto · 25
I Evolución e historia
1 · 27
2 · 28
3 · 29
II Noche · 30
III El mar no existe
1 · 31
2 · 33
IV Caballos salvajes en la tormenta · 34
V Canto de la inteligencia y de la videncia · 36
VI ¿No hay respuestas? · 37
VII Detrás de los sueños
1 Embestida · 38
2 Lluvia sobrenatural · 40
3 El canto de las Sirenas · 42
4 Paracaidistas · 44
Bahía II · 47

SEGUNDA PARTE: MAR PÚRPURA

La isla de la creación · 51
I Epistemología de una ruptura
1 Apertura del delirio · 53
2 Cuerpo y mandato en la ciudad perdida · 54
3 Erotismo y desborde del rencor · 51
II Intrinsecología del libro · 58
III Escatología del coitus interruptus · 62
IV Crestomatía del mar de las palabras · 64
Bahía III · 67

TERCERA PARTE: MAR ROJO

La isla del amor · 73
I Amor brujo · 75
II Romance del río y de la luna llena · 77
III Un romance moderno
1 · 79
2 · 80
IV La tensión del amor · 82
V Cuerpo · 83
VI Canción de amor silvestre y matutino · 84
VII Oración ferviente · 86
VIII Amanda · 89
Bahía IV · 91

CUARTA PARTE: MAR NEGRO

La isla del dolor · 97
I Fantasmas como ideas · 99
II Esos · 100

III Destino previsto · 101
IV Sombras · 103
V Cristal opaco en tensión · 104
En mitad del mar · 105
Bahía V · 107

QUINTA PARTE: MAR AZUL (I)
Primera isla mística · 111
I Oración en el abismo · 113
II Comunión · 115
III Los cuatro jinetes del apocalipsis · 117
1 Caballo blanco (La esperanza) · 118
2.Caballo rojo (La guerra) · 119
3 Caballo negro (La miseria) · 120
4 Caballo amarillo (La muerte) · 122
IV Rebelión del esclavo · 123
V Poema de bienaventuranzas
y malaventuranzas · 125
VI Éxodo · 128
VII El reino de este mundo
1 Padre nuestro · 129
2 Agnus Dei · 130
Bahía VI · 131

SEXTA PARTE. MAR AZUL (II)
Segunda isla mística · 135
I Dios o universo · 137
II Oníricas zarevnas · 139
III Unidad · 140

IV Brahma · 141
V Mirando el cielo
1 · 142
2 · 143
3 · 144
VI Noche · 145
VII Transición · 146
VIII Emanación · 147
IX El hábitat de dios · 148
X Sagrada comunión · 150
XI ¿Opuestos? · 151
XII Hora oscurecida · 152
XIII Patria · 153
Bahía VII · 155

SÉTIMA PARTE: MAR VERDE
la isla de la vida · 159
I Tarde de oro · 161
II Día sagrado · 163
III Los hijos de la tierra · 164
IV Mitología de las tormentas
1 · 166
2 · 167
3 · 168
4 · 169
5 · 170
V Gaia
Parte I · 171
Parte II · 172
Parte III · 173

Parte IV · 174
Parte V · 174
El confín del mar · 177

Acerca del autor · 181

WILD MUSEUM
MUSEO SALVAJE
Latin American Poetry Collection
Homage to Olga Orozco (Argentina)

1
La imperfección del deseo
Adrián Cadavid (Colombia)

2
La sal de la locura / Le Sel de la folie
Fredy Yezzed (Colombia)

3
El idioma de los parques / The Language of the Parks
Marisa Russo (Argentina / EE.UU.)

4
Los días de Ellwood
Manuel Adrián López (Cuba / EE.UU.)

5
Los dictados del mar
William Velásquez Vásquez (Costa Rica)

6
Paisaje nihilista
Susan Campos Fonseca (Costa Rica)

7
La doncella sin manos
Magdalena Camargo Lemieszek (Panamá)

8
Disidencia
Katherine Medina Rondón (Perú)

9
Danza de cuatro brazos
Silvia Siller (México / EE.UU.)

10
Carta de las mujeres de este país
Letter from the Women of this Country
Fredy Yezzed (Colombia)

11
El año de la necesidad
Juan Carlos Olivas (Costa Rica)

12
El país de las palabras rotas / The Land of Broken Words
Juan Esteban Londoño (Colombia)

13
Versos vagabundos
Milton Fernández (Uruguay)

14
Cerrar una ciudad
Santiago Grijalva (Ecuador)

15
El rumor de las cosas
Linda Morales Caballero (Perú / EE.UU.)

16
La canción que me salva / The Song that Saves Me
Sergio Geese (Argentina)

17
El nombre del alba
Juan Suárez (Ecuador)

18
Tarde en Manhattan
Karla Coreas (El Salvador)

19
Un cuerpo negro / A Black Body
Lubi Prates (Brasil)

20
Sin lengua y otras imposibilidades dramáticas
Ely Rosa Zamora (Venezuela / EE.UU.)

21
El diario inédito del filósofo vienés Ludwig Wittgenstein
Le Journal Inédit Du Philosophe Viennois Ludwig Wittgenstein
Fredy Yezzed (Colombia)

22
El rastro de la grulla / The Crane's Trail
Monthia Sancho (Costa Rica)

23
Un árbol cruza la ciudad / A Tree Crossing The City
Miguel Ángel Zapata (Perú/ EE.UU.)

24
Las semillas del Muntú
Ashanti Dinah (Colombia / EE.UU.)

25
Paracaidistas de Checoslovaquia
Eduardo Bechara Navratilova (Colombia)

26
Este permanecer en la tierra
Angélica Hoyos Guzmán (Colombia)

27
Tocadiscos
William Velásquez (Costa Rica)

28
De cómo las aves pronuncian su dalia frente al cardo /
How the Birds Pronounce Their Dahlia Facing the Thistle
Francisco Trejo (México)

29
El escondite de los plagios / The Hideaway of Plagiarism
Luis Alberto Ambroggio (Argentina / EE.UU.)

30
Quiero morir en la belleza de un lirio /
I Want to Die of the Beauty of a Lily
Francisco de Asís Fernández (Nicaragua)

31
La muerte tiene los días contados
Mario Meléndez (Chile)

32
Sueño del insomnio / Dream of Insomnia
Isaac Goldemberg (Perú / EE.UU.)

33
La tempestad / The tempest
Francisco de Asís Fernández (Nicaragua)

34
Fiebre
Amarú Vanegas (Venezuela)

35
63 poemas de amor a mi Simonetta Vespucci
63 Love Poems to My Simonetta Vespucci
Francisco de Asís Fernández (Nicaragua)

36
Es polvo, es sombra, es nada
Mía Gallegos (Costa Rica)

37
Luminiscencia
Sebastián Miranda Brenes (Costa Rica)

38
Un animal el viento
William Velásquez (Costa Rica)

39
Historias del cielo / Heaven Stories
María Rosa Lojo (Argentina)

40
Pájaro mudo
Gustavo Arroyo (Costa Rica)

41
Conversación con Dylan Thomas
Waldo Leyva (Cuba)

42
Ciudad Gótica
Sean Salas (Costa Rica)

43
Salvo la sombra
Sofía Castillón (Argentina)

44
Prometeo encadenado / Prometheus Bound
Miguel Falquez Certain (Colombia / EE.UU.)

45
Fosario
Carlos Villalobos (Costa Rica)

46
Theresia
Odeth Osorio Orduña (México)

47
El cielo de la granja de sueños / Heaven's Garden of Dreams
Francisco de Asís Fernández (Nicaragua)

48
hombre de américa / man of the americas
Gustavo Gac-Artigas (Chile / EE.UU.)

49
Reino de palabras / Kingdom of Words
Gloria Gabuardi (Nicaragua)

50
Almas que buscan cuerpo
María Palitachi (República Dominicana / EE.UU.)

51
Argolis
Roger Santivañez (Perú / EE.UU.)

52
Como la muerte de una vela
Hector Geager (EE.UU. / República Dominicana)

53
El canto de los pájaros / Birdsong
Francisco de Asís Fernández (Nicaragua)

54
El jardinero efímero
Pedro López Adorno (Puerto Rico / EE.UU.)

55
The Fish o la otra Oda para la Urna Griega
Essaú Landa (México)

56
Palabrero
Jesús Botaro (Venezuela / EE.UU.)

57
Murmullos del observador
Hector Geager (EE.UU. / República Dominicana)

58
El nuevo gusano saltarín
Isaac Goldemberg (Perú / EE.UU.)

59
Tazón de polvo
Alfredo Trejos (Costa Rica)

60
Si miento sobre el abismo / If I Lie About the Abyss
Mónica Zepeda (México)

61
Después de la lluvia
After the Rain
Yrene Santos (República Dominicana / EE.UU.)

62
De plomo y pólvora. Poesía de una mente bipolar
Of Lead and Gunpowder. Poetry of a Bipolar Mind
Jacqueline Loweree (México / EE.UU.)

*

**New Era:
Wild Museum Collection & Arts**
Featuring Contemporary Hispanic American Artists

63
Espiga entre los dientes
Carlos Calero (Nicaragua / Costa Rica)
Cover Artist: Philipp Anaskin

64
El Rey de la Muerte
Hector Geager (EE.UU. / República Dominicana)
Cover Artist: Jhon Gray

65
Cielos que perduren
José Miguel Rodríguez Zamora (Costa Rica)
Cover Artist: Osvaldo Sequeira

66
Por el mar, con los monstruos de Ovidio a otra parte
Francisco Trejo (México)
Cover Artist: Jaime Vásquez

67
Los vínculos salvajes
Juan Carlos Olivas (Costa Rica)
Cover Artist: Jaime Vásquez

68
Una conversación pendiente
Unfinished Conversation
Juana Ramos (El Salvador / EE.UU.)
Commemorative Edition:
VII Aniversity of Nueva York Poetry Press

69
La quinta esquina del cuadrilátero
Paola Valverde Alier (Costa Rica / España)
Cover Artist: Jaime Vásquez

70
El evangelio del dragón
Luis Rodríguez Romero (Costa Rica)
Cover Artist: Osvaldo Sequeira

71
Un fragor de torres desgajadas
A Roar of Tumbling Towers
Miguel Falquez-Certain (Colombia / EE.UU.)

72
El ombligo de los pájaros
Francisco Gutiérrez (Costa Rica)
Cover Artist: Juan Carlos Mestre

73
Apuntes para un náufrago
Paul Benavides (Costa Rica)
Cover Artist: Jaime Vásquez

74
Me sobran noviembres
Osiris Mosquea (República Dominicana / EE.UU.)
Cover Artist: Jimmy Valdez

75
El profundo abismo de mi sombra
Carlos Velásquez Torres (Colombia / EE.UU.)
Cover Artist: Jorge Posada

76
Versus
Jorge Martín Blanco (Argentina)
Cover Artist: author

77
Un niño que nació para ser río
A Child Born to Be a River
Dennis Ávila (Honduras / Costa Rica)

78
A la sombra de tus alas & siete parábolas
Gabriel Chávez Casazola (Bolivia)
Cover Artist: Nicole Vera Comboni

79
Verás que somos islas
Hector Geager (EE.UU. / Rep. Dominicana)
Cover Artist: Unknow

80
El mar de las palabras
Ricardo Segura Amador (Costa Rica)
Cover Artist: Valery González

POETRY
COLLECTIONS

ADJOINING WALL
PARED CONTIGUA
Spaniard Poetry
Homage to María Victoria Atencia (Spain)

BARRACKS
CUARTEL
Poetry Awards
Homage to Clemencia Tariffa (Colombia)

BORDERLAND / *LA FRONTERA*
Hybrid Poetry
(Spanish - English)
Homage to Gloria Anzaldúa
(U.S.A Chicana Author)

CROSSING WATERS
CRUZANDO EL AGUA
Poetry in Translation (English to Spanish)
Homage to Sylvia Plath (United States)

DREAM EVE
VÍSPERA DEL SUEÑO
Hispanic American Poetry in USA
Homage to Aida Cartagena Portalatín (Dominican Republic)

FEVERISH MEMORY
MEMORIA DE LA FIEBRE
Feminist Poetry
Homage to Carilda Oliver Labra (Cuba)

FIRE'S JOURNEY
TRÁNSITO DE FUEGO
Central American and Mexican Poetry
Homage to Eunice Odio (Costa Rica)

INTO MY GARDEN
English Poetry
Homage to Emily Dickinson (United States)

I SURVIVE
SOBREVIVO
Social Poetry
Homage to Claribel Alegría (Nicaragua)

LIPS ON FIRE
LABIOS EN LLAMAS
Opera Prima
Homage to Lydia Dávila (Ecuador)

LIVE FIRE
VIVO FUEGO
Essential Ibero American Poetry
Homage to Concha Urquiza (Mexico)

REVERSE KINGDOM
REINO DEL REVÉS
Children's Poetry
Homage to María Elena Walsh (Argentina)

STONE OF MADNESS
PIEDRA DE LA LOCURA
Personal Anthologies
Homage to Alejandra Pizarnik (Argentina)

TWENTY FURROWS
VEINTE SURCOS
Collective Works
Homage to Julia de Burgos (Puerto Rico)

VOICES PROJECT
PROYECTO VOCES
María Farazdel (Palitachi) (Dominican Republic)

WILD PAPERS
PAPELES SALVAJES
Latin American Poetry
Homage to Marosa Di Giorgio (Uruguay)

WILD MUSEUM
MUSEO SALVAJE
Latin American Poetry
Homage to Olga Orozco (Argentina)

INTERNATIONAL POETRY AWARD
PREMIO INTERNACIONAL DE POESÍA NYPP
Award Winning Authors
Homage to Feature Master Poets

OTHER COLLECTIONS

Fiction
INCENDIARY
INCENDIARIO
Homage to Beatriz Guido (Argentina)

Children's Fiction
KNITTING THE ROUND
TEJER LA RONDA
Homage to Gabriela Mistral (Chile)

Drama
MOVING
MUDANZA
Homage to Elena Garro (México)

Essay
SOUTH
SUR
Homage to Victoria Ocampo (Argentina)

Non-Fiction/Other Discourses
BREAK-UP
DESARTICULACIONES
Homage to Sylvia Molloy (Argentina)

For those who like Olga Orozco believe that "a word on the back of the world allows the enemy to advance," and who like her recognize that "half of desire is barely that, half of love is only a measure," this book was published in Manhattan in February 2026, as part of the Wild Museum Collection by *Nueva York Poetry Press*, in homage to her voice.

www.ingramcontent.com/pod-product-compliance
Lightning Source LLC
Chambersburg PA
CBHW030653230426
43665CB00011B/1075